Los Enamorados Son Especiales

Un Tributo A Aquellos Que Nos Conmueven Y Realizan Nuestros Sueños

RECOPILADO POR
Lucy Mead

TRADUCCÍON POR MARÍA DE JESÚS

VALUE ESPAÑOL
NUEVA YORK

Esta edición 2003 ha sido publicada por Value Español, imprenta de Random House Value Publishing, división de Random House, Inc., Nueva York.

Random House
Nueva York • Toronto • Londres • Sidney • Auckland
www.randomhouse.com

Diseño interior: Karen Ocker Design, Nueva York

Impreso y empastado en Singapur

Library of Congress Cataloging-in-Publication Data

Lovers are special. Spanish
   Los enamorados son especiales : un tributo a aquellos que nos conmueven
y realizan nuestros sueños / recopilado por Lucy Mead ; traducción por María
De Jesús.
      p. cm.
   ISBN 0-517-22180-2 (hc)
   1. Love—Quotations, maxims, etc. 2. Love poetry. 3. Love—Anecdotes.
I. Mead, Lucy. II. Title.

PN6084.L6 L68418 2002
302.3—dc21
                                                              2002035853

87654321

LOS ENAMORADOS SON ESPECIALES

¿A un día de verano compararte?
Más hermosura y suavidad posees,
tiembla el brote de mayo bajo el viento
y el estío no dura casi nada.
A veces demasiado brilla el ojo
solar, y otras su tez de oro se opaca;
toda belleza alguna vez declina,
ajada por la suerte o por el tiempo.
Pero eterno será el verano tuyo.
No perderás la gracia, ni la muerte
se jactará de ensombrecer tus pasos
cuando crezcas en versos inmortales.
Vivirás mientras alguien vea y sienta
y esto pueda vivir y te dé vida.

WILLIAM SHAKESPEARE

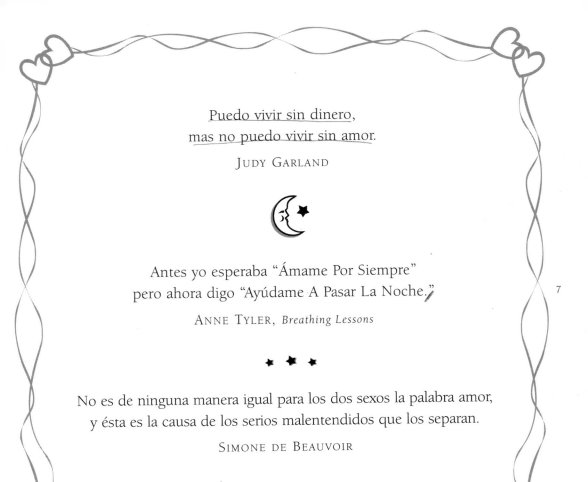

Puedo vivir sin dinero,
mas no puedo vivir sin amor.

JUDY GARLAND

Antes yo esperaba "Ámame Por Siempre"
pero ahora digo "Ayúdame A Pasar La Noche."

ANNE TYLER, *Breathing Lessons*

No es de ninguna manera igual para los dos sexos la palabra amor,
y ésta es la causa de los serios malentendidos que los separan.

SIMONE DE BEAUVOIR

Al toque del amor
todos se convierten en poetas.

PLATÓN

Mi amado y yo no vivimos juntos. Es más excitante llegar a
mi hogar, deslizándome furtivamente en la madrugada, bajo
la nariz de mis vecinos, de lo que sería compartir un cepillo
de dientes.

CAROLE, 49 AÑOS

El dinero no compra
el combustible
para el amor,
pero lo enciende maravillosamente.

W. H. AUDEN

El amor a las faltas siempre ciego,
se inclina hacia la alegría,
sin ley, alado, sin barreras,
rompe las cadenas de la mente mía.

WILLIAM BLAKE

Jamás me gustó el sexo. Creo que no me gustará.
Me parece que es contrario al amor.

MARILYN MONROE

Sin importar con quién te cases,
despertarás casado con alguien distinto.

MARLON BRANDO en *Muchachos y muñecas*

 El amor es el triunfo de la imaginación sobre la inteligencia.

H. L. Mencken

Lo oí en Starbucks:

Él: Sabes, terminaré leyes este año y creo que ya
       es tiempo de establecerme y casarme. ¿Quisieras
       pasar el resto de tu vida a mi lado?

Ella: Francamente, ni siquiera sé si terminaré la velada contigo.

Para cuando juras que suya serás,
temblorosa y suspirando,
y él de su pasión diciendo,
que es infinita e inmortal—
Uno de los dos está mintiendo.

Dorothy Parker

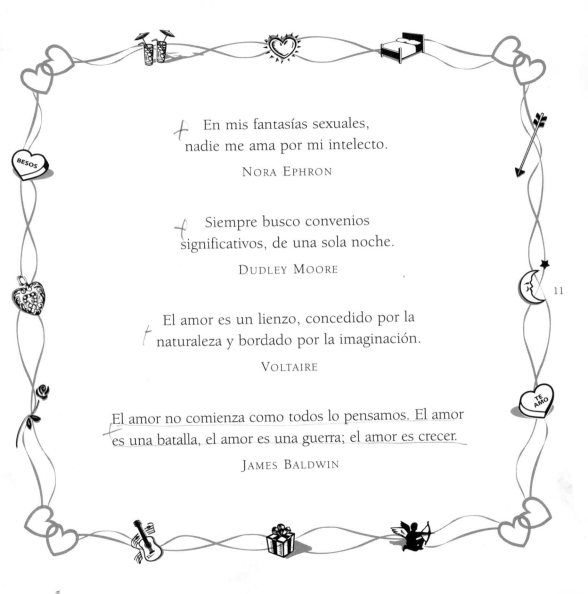

En mis fantasías sexuales,
nadie me ama por mi intelecto.

NORA EPHRON

Siempre busco convenios
significativos, de una sola noche.

DUDLEY MOORE

El amor es un lienzo, concedido por la
naturaleza y bordado por la imaginación.

VOLTAIRE

El amor no comienza como todos lo pensamos. El amor
es una batalla, el amor es una guerra; el amor es crecer.

JAMES BALDWIN

Strephon me besó en la primavera,
Robin en el otoño me besó,
pero Colin tan solo me miró,
y nunca un beso me dio.

El beso de Strephon en el ridículo se extravió,
el de Robin en el juego se perdió,
pero el beso que vi en los ojos de Colin
noche y día me persiguió.

SARA TEASDALE

La mujer tiene éxito cambiando al hombre
tan solo cuando éste es un bebé.

NATALIE WOOD

Si le tienes miedo a la soledad, no te cases.

ANTÓN CHÉJOV

El matrimonio no trae garantía. Si eso es lo que buscas, ve a vivir con una batería de automóvil.

ERMA BOMBECK

El sexo es algo malo porque arruga la ropa.

JACKIE ONASSIS

El matrimonio es como comprar algo que se ha admirado por largo tiempo en una vitrina. Lo lleva a casa, fascinada por él pero no siempre armoniza con lo que tiene allí.

JEAN KERR

Para atraer a los hombres, utilizo un perfume
llamado "Interior de Auto Nuevo."

RITA RUDNER

El amor es como un rosal silvestre,
la amistad como un árbol de acebo,
el acebo se mantiene oscuro,
mientras la zarza florece,
¿pero cuál florecerá constantemente?

EMILY BRONTE

Mi esperanza es reír tanto como lo que lloro; hacer bien
mi trabajo amar a alguien y no tener miedo para aceptar
su amor.

MAYA ANGELOU

14

Que no se llame desdichado a aquel que ama,
hasta el amor no correspondido tiene su propio arco iris.

J. M. BARRIE, autor de *Peter Pan*

Yo me casé con el hombre que me dio mi
primer beso. Cuando le cuento esto a mis hijos,
ellos sienten deseos de vomitar.

BARBARA BUSH, ex primera dama

Él llegó a mí como una ola,
como una ola se retiró
sin dejar ninguna huella,
de haber estado allí.

LOUISE ERDRICH, autora de *Medicina de amor*

DULCÍSIMA FANNY,

¿Temes a veces que yo no te ame tanto como tú quisieras?
Mi querida niña, te amo sin reservas y por siempre.
Entre más te conozco, más te amo.
Siendo así—aun mis celos han sido agonías de Amor,
y en mis momentos más apasionados
hasta hubiese muerto por ti.
Te he irritado sobremanera, ¡Pero por Amor!
¿Puedo evitarlo?
Eres siempre nueva.
El último de tus besos fue el más dulce;
la última sonrisa la más brillante;
el último movimiento el más grácil.

JOHN KEATS, 1820

La tortuga tiene un caparazón de láminas plateadas
que prácticamente esconden su sexo.
Creo que la tortuga es ingeniosa
para que con esa forma aún pueda ser fértil.

OGDEN NASH

El verdadero amor es como la visión de los espíritus: todos
hablamos de ello, pero pocos los hemos visto alguna vez.

LA ROCHEFOUCAULD, *Máximas*

Nuestros nuevos amores están rodeados de confianza y compromiso.
Cuando enfrentemos malos tiempos, espero que podamos reencon-
trarnos en una canción que ambos amamos, en un lugar que alguna
vez disfrutamos—o en alguna broma de la que reímos juntos.

MANDY, 25 AÑOS

Los hombres no son una necesidad,
son un lujo.

CHER

He aprendido a no preocuparme por el amor,
sino a glorificar su llegada
con todo mi corazón.
A examinar los oscuros misterios
de la sangre
con atención acéfala
y turbulenta,
a reconocer la urgencia de los sentimientos
que fluyen rápidos
como el agua.

ALICE WALKER

18

…están regresando de nuevo, las cosas
anticuadas…como tomarse de las manos,
besarse, las tortas de boda y la luna de miel.

Claro que algunos de nosotros siempre
creímos que estas cosas estaban de moda.
Algunos hemos comprendido que no hay
mejor rejuvenecedor que el amor, que nada
como un beso para lograr que respires bien
y que no existe ningún plan de pensión que
se compare con la perspectiva de compartir
los años con alguien que ha prometido
amarte, honrarte y consentirte.

LOIS WYSE, *Kid, You Sing My Songs*

19

LO MEJOR AÚN ESTÁ POR VENIR

¡Envejece conmigo!
Lo mejor aún está por venir,
el fin de la vida, para lo que ésta fue hecha:
nuestro tiempo está en sus manos…

ROBERT BROWNING

El comienzo de un romance que durará
toda la vida es el amor propio.

OSCAR WILDE

Me casaría de nuevo, si encontrara un hombre que tuviera
quince millones de dólares y me entregara la mitad, y
además me garantizara que moriría en un año.

BETTE DAVIS

A los ojos de un enamorado las cicatrices de la viruela son hoyuelos.

Después de todo, mi amada de antaño,
la que ya no es mi consentida,
¿debemos decir que no era amor,
sólo porque pereció?

EDNA ST. VINCENT MILLAY

Ha pasado tanto tiempo desde que hice el amor por última vez,
que ya no recuerdo a quién hay que amarrar.

JOAN RIVERS

Aprender música por medio de la lectura
es como hacer el amor por correo.

LUCIANO PAVAROTTI

El amor no te atropella sin previo aviso; tienes que enviar
señales, como un radio operador sin experiencia.

HELEN GURLEY BROWN

Una de las necesidades más antiguas de la humanidad,
es la de tener a alguien que se preocupe por saber
dónde estás cuando no regresas a casa por la noche.

MARGARET MEAD

Los únicos que hacen el amor
a todas horas son los mentirosos.

LOUIS JORDAN en *Gigi*

No importa que tan enferma de amor se encuentre una mujer,
nunca deberá tomar la primera píldora que encuentre.

DRA. JOYCE BROTHERS

El matrimonio marca el final de una serie de pequeñas
excentricidades—y se convierte en una larga estupidez.

FRIEDRICH NIETZSCHE

Creo que hay dos materias en las que las nuevas ideas son
terriblemente peligrosas—la economía y el sexo. En el tiempo,
todas las ideas han sido ensayadas, y si son novedosas,
probablemente serán ilegales o malas para la salud.

FELIX ROHAYTN, inversionista

La flor es a la vida, lo que la miel es al amor.

VICTOR HUGO

Una de las nueve razones para la reencarnación es el sexo...
las otras ocho no tienen importancia.

HENRY MILLER

Sin amor nuestra vida es...un barco
a la deriva, un cuerpo sin alma.

SHOLEM ALEICHEM

Amor: locura temporal que se cura con el matrimonio o al
eliminar la influencia bajo la que comenzó este desorden.
Algunas veces es fatal, más para el médico que para el
paciente.

AMBROSE BIERCE, *The Devil's Dictionary*

La mayoría de las mujeres quieren cambiar al hombre
y cuando lo logran ya no les gusta.

MARLENE DIETRICH

Salir de compras es mejor que el sexo. Por lo menos si algo
no te satisface, puedes cambiarlo por algo que te guste más.

ADRIENNE GUSOFF, comediante

[Estar enamorado] es como la poesía. Ciertamente se
pueden analizar y explicar sus variados sentidos e
intenciones, pero siempre algo queda, revoloteando
misteriosamente entre la música y el significado.

MURIEL SPARK, "On Love"

El amante que no es indiscreto no es amante.

THOMAS HARDY

La imaginación de las mujeres es rápida, en un instante salta de la admiración al amor, y del amor al matrimonio.

JANE AUSTEN

Si quieres sacrificar la admiración de muchos hombres por la crítica de uno solo, adelante, cásate.

KATHARINE HEPBURN

¡FRAULEIN FELICE!

Escríbeme tan solo una vez a la semana, de manera que
tu carta llegue el Domingo—pues no puedo resistir tus
cartas diarias, soy incapaz de soportarlas. Por ejemplo,
respondo una de tus cartas y luego me recuesto en aparente
calma, pero mi corazón retumba en todo mi cuerpo,
consiente sólo de ti. Te pertenezco; no hay otra forma
de expresarlo y no lo dice todo. Es por esta razón que
no quiero saber qué llevas puesto; me confunde tanto
que no puedo manejar mi vida; por esto mismo no quiero
saber que me amas. Si lo supiera, ¿cómo podría, tonto de
mi, seguir sentado en mi oficina, o aquí en casa, en lugar
de saltar a un tren con los ojos cerrados, para abrirlos tan
solo cuando esté contigo?

Franz Kafka, 1912

Te quiero casi tanto como me quieres tú.

WALTER MATTHAU a Jack Lemmon

en *The Odd Couple*

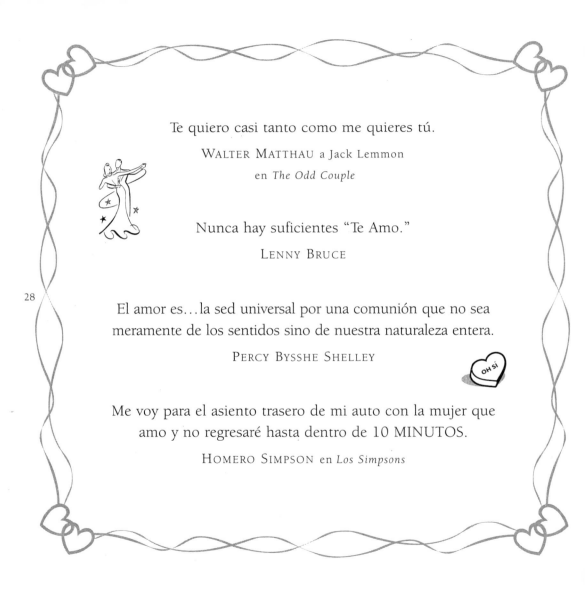

Nunca hay suficientes "Te Amo."

LENNY BRUCE

El amor es…la sed universal por una comunión que no sea meramente de los sentidos sino de nuestra naturaleza entera.

PERCY BYSSHE SHELLEY

Me voy para el asiento trasero de mi auto con la mujer que amo y no regresaré hasta dentro de 10 MINUTOS.

HOMERO SIMPSON en *Los Simpsons*

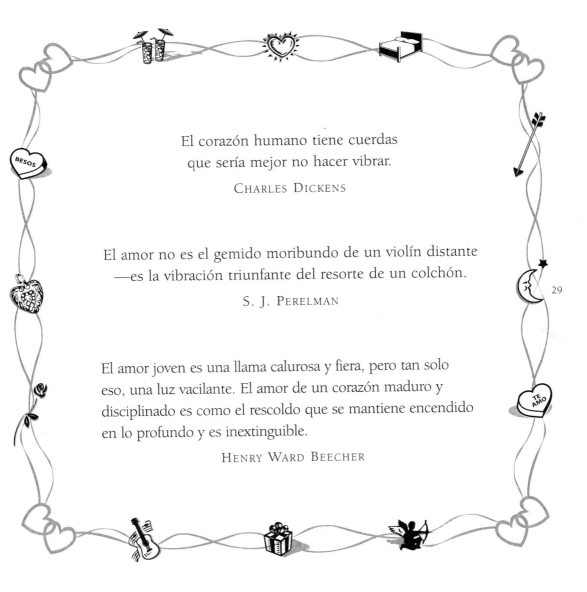

El corazón humano tiene cuerdas
que sería mejor no hacer vibrar.

CHARLES DICKENS

El amor no es el gemido moribundo de un violín distante
—es la vibración triunfante del resorte de un colchón.

S. J. PERELMAN

El amor joven es una llama calurosa y fiera, pero tan solo
eso, una luz vacilante. El amor de un corazón maduro y
disciplinado es como el rescoldo que se mantiene encendido
en lo profundo y es inextinguible.

HENRY WARD BEECHER

No se debe forzar al sexo a tomar el papel
del amor, ni al amor a hacer el trabajo del sexo.

MARY MCCARTHY, *The Group*

* * *

Para una cita, hay tres posibilidades, de las cuales deben
ofrecerse por lo menos dos: entretenimiento, comida
y afecto. Se acostumbra tener varias citas con mucho
entretenimiento, comida moderada y la sugerencia de
afecto. En la medida en que el afecto crece, se reduce
el entretenimiento en la misma proporción. Cuando
el afecto se convierte en EL entretenimiento ya no lo
llamamos cita. La comida no debe faltar nunca.

Miss Manners' Guide to Excruciatingly Correct Behavior

Vámonos, tú y yo,
cuando la tarde se extiende por el cielo
como un paciente anestesiado sobre la mesa de operaciones.

T. S. ELIOT

Todas las ceremonias matrimoniales son alegres. Lo que causa
los problemas es tratar de vivir juntos después de ella.

SHELLEY WINTERS

Un amor sin riendas es un volcán que arde dejando
devastación a su alrededor; es un abismo que devora todo
—honor, cuerpo y salud.

BARÓN RICHARD VON KRAFFT-EBING, psiquiatra alemán

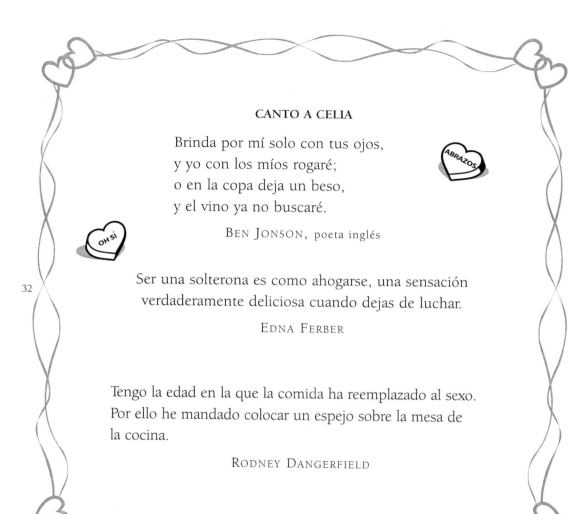

CANTO A CELIA

Brinda por mí solo con tus ojos,
y yo con los míos rogaré;
o en la copa deja un beso,
y el vino ya no buscaré.

BEN JONSON, poeta inglés

Ser una solterona es como ahogarse, una sensación
verdaderamente deliciosa cuando dejas de luchar.

EDNA FERBER

Tengo la edad en la que la comida ha reemplazado al sexo.
Por ello he mandado colocar un espejo sobre la mesa de
la cocina.

RODNEY DANGERFIELD

La última vez que estuve dentro de una mujer
fue cuando visité la Estatua de la Libertad.

WOODY ALLEN, *Crimes and Misdemeanors*

…el Amor es un gran embellecedor.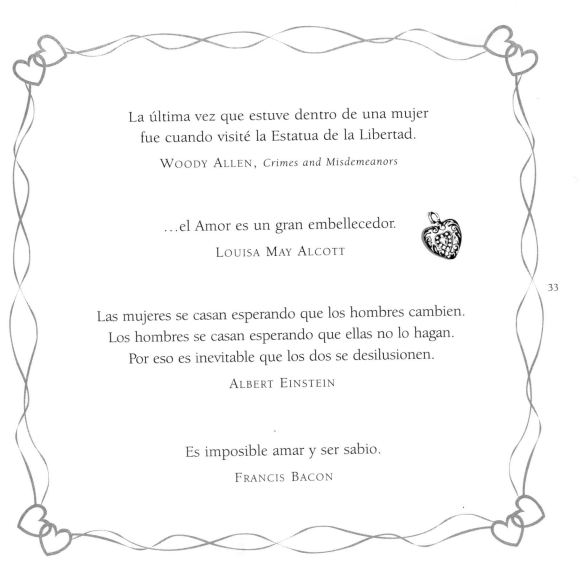

LOUISA MAY ALCOTT

Las mujeres se casan esperando que los hombres cambien.
Los hombres se casan esperando que ellas no lo hagan.
Por eso es inevitable que los dos se desilusionen.

ALBERT EINSTEIN

Es imposible amar y ser sabio.

FRANCIS BACON

Papá solía decir: "el amor…tambor. A mí me encantan las crepas; ¿pero acaso me casé con alguna?"

SAM LEVENSON, *In One Era and Out the Other*

Amor es asegurarse de bajar el bizcocho del sanitario.

JOSHUA, 33 AÑOS

Mira como lo arreglaremos: es sabido que seremos grandes amigos, pero si dejas Francia en un año, sería una amistad Platónica, la de dos criaturas que nunca se volverían a ver. ¿No sería mejor que te quedaras conmigo? Sé que esta pregunta te enfurece, y que no querrás hablar de ello de nuevo—y también yo me siento totalmente indigno de ti, desde todo punto de vista.

PIERRE CURIE a Marie Sklodovska (Curie) en 1894

Dejad que haya espacios en vuestra unión.

KAHLIL GIBRAN, *El Profeta*

¿Cuántos esposos he tenido?
¿Quiere decir además del mío?

ZSA ZSA GABOR

Después de la muerte habrá sexo;
tan solo no podremos sentirlo.

LILY TOMLIN

Es muy común que un hombre se vea súbitamente cautivado
por una mujer completamente opuesta a su ideal.

GEORGE ELIOT

En mis clases de la escuela dominical conocí una niñita preciosa, con rizos rubios. Desde el primer instante quedé profundamente enamorado…

HARRY S. TRUMAN, hablando de su esposa Bess

Es más fácil ser un amante que un esposo, por la sencilla razón que es más difícil ser ingenioso día tras día que decir cosas bellas de vez en cuando.

HONORATO DE BALZAC

Cuando una mujer dice que prefiere dormir con su esposo en lugar de Warren Beatty, lo más probable es que Warren no se lo haya pedido.

JUDITH VIORST, *Love & Guilt & The Meaning of Life, Etc.*

El amor hace que camines como un gran reloj de oro.

SYLVIA PLATH

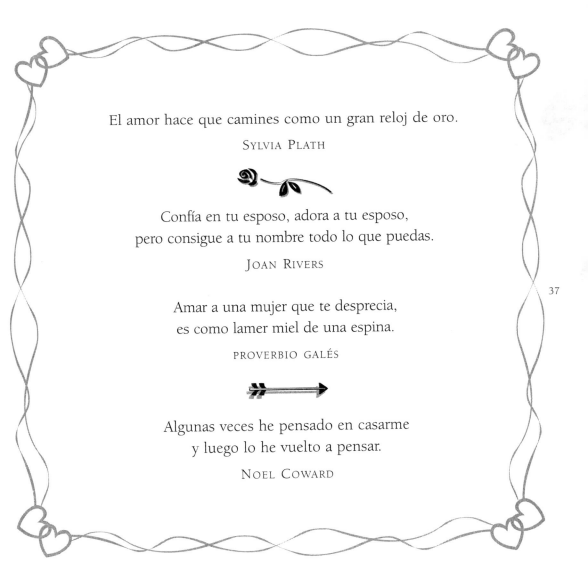

Confía en tu esposo, adora a tu esposo,
pero consigue a tu nombre todo lo que puedas.

JOAN RIVERS

Amar a una mujer que te desprecia,
es como lamer miel de una espina.

PROVERBIO GALÉS

Algunas veces he pensado en casarme
y luego lo he vuelto a pensar.

NOEL COWARD

Tan sólo nuestro amor no declina;
no conoce mañana ni tiene ayer.
Lo vivimos, sin que de nosotros huya,
mantiene su primer y último y permanente hoy.

JOHN DONNE

Amar significa nunca tener que decir lo siento.

ERICH SEGAL, *Love Story*

Una de las principales razones por la que los viudos se
casan de nuevo con rapidez es que se dan cuenta que
quebrarían si tuvieran que pagar por el trabajo que hacían
sus esposas por vestido y hospedaje.

DOROTHY DIX

Cada vez que tengo una cita, pienso:
¿Es éste el hombre con el que yo quisiera que
mis hijos pasaran los fines de semana?

RITA RUDNER

El amor y el matrimonio, el amor y el matrimonio,
van juntos como el caballo y el carruaje.
Te lo digo hermano,
no obtendrás al uno sin el otro.

SAMMY CAHN y JIMMY VAN HEUSEN,
"Love and Marriage"

El mejor esposo que puede encontrar una
mujer es un arqueólogo; entre más envejece
la mujer, más se interesa él en ella.

ÁGATA CHRISTIE

39

A medida que envejezco y envejezco,
y vacilo hacia la tumba,
me doy cuenta que cada vez me importa menos
quién se va a la cama con quién.

DOROTHY SAYERS

Me casó un juez…
he debido pedir un jurado.

GEORGE BURNS

Las cosas más importantes del mundo son conseguir
algo de beber, algo para comer y a alguien que te ame.

BRENDAN BEHAN, escritor irlandés

Dar amor es en sí una enseñanza.

ELEANOR ROOSEVELT

No hay cuerda ni cable que puedan amarrar
con tanta fuerza, ni tan rápidamente,
como lo hace el amor con un simple hilo.

ROBERT BURTON, sacerdote inglés

Yo creo que el sexo es lo más bello, natural y
saludable que el dinero puede comprar.

STEVE MARTIN

Algunas noches él dijo estar cansado y algunas otras ella
quería leer; otras noches ninguno de los dos dijo nada.

JOAN DIDION, *Play It as It Lays*

Donde hay un gran amor,
siempre habrá milagros.

WILLA CATHER

Esther Muir: ¡Abrázame fuerte, más fuerte, más fuerte!
Groucho Marx: Si te abrazo más fuerte, quedaré a tu espalda.

A Day at the Races

La vida nos enseña que el amor no consiste en
contemplarse el uno al otro, sino en mirar juntos
en la misma dirección y más allá.

ANTOINE DE SAINT-EXUPÉRY

LA ROSA ROJA, ROJA

¡Oh mi amor es como una rosa roja, roja
   que florece en junio:
Oh mi amor es como una melodía
   dulcemente entonada!

ROBERT BURNS

El amor es un incendio del que nunca sabrás
si va a calentar tu corazón o a quemar tu casa.

JOAN CRAWFORD

La respuesta sexual masculina es muy rápida y más
automática: se dispara fácilmente por cosas tales como
poner una moneda en una máquina expendedora.

ALEX COMFORT, The Joy of Sex

Hay un tiempo para el trabajo y hay un tiempo para el amor. Así no queda tiempo para nada más.

Coco Chanel

Una mujer insatisfecha necesita lujos. Pero una mujer que ama a un hombre dormirá en una tabla.

D. H. Lawrence

Tener una carrera es maravilloso, pero en una noche fría no podrás abrazarte con ella.

Marilyn Monroe

El romance es el glamour que convierte en una bruma dorada la rutina del diario vivir.

Elinor Glyn, escritora estadounidense de romances

Aquiétate, corazón acongojado aquiétate,
mi corazón silencioso, aquiétate y quiébrate.

CHRISTINA ROSSETTI

Entre más amas a alguien, más quiere él de ti y menos
tienes para dar, pues ya le has ofrecido todo tu amor.

NIKKI GIOVANNI

Pon tu mano sobre la estufa caliente por un minuto y te
parecerá una hora. Siéntate cerca de una mujer hermosa por
una hora y te parecerá un minuto. Eso es la relatividad.

ALBERT EINSTEIN

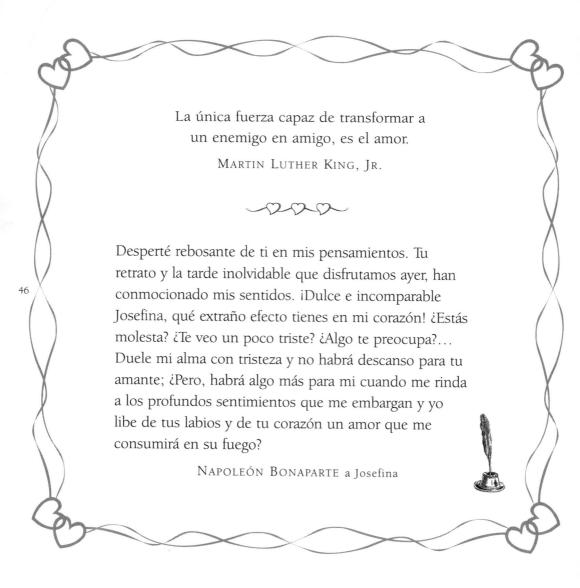

La única fuerza capaz de transformar a
un enemigo en amigo, es el amor.

MARTIN LUTHER KING, JR.

46

Desperté rebosante de ti en mis pensamientos. Tu
retrato y la tarde inolvidable que disfrutamos ayer, han
conmocionado mis sentidos. ¡Dulce e incomparable
Josefina, qué extraño efecto tienes en mi corazón! ¿Estás
molesta? ¿Te veo un poco triste? ¿Algo te preocupa?…
Duele mi alma con tristeza y no habrá descanso para tu
amante; ¿Pero, habrá algo más para mi cuando me rinda
a los profundos sentimientos que me embargan y yo
libe de tus labios y de tu corazón un amor que me
consumirá en su fuego?

NAPOLEÓN BONAPARTE a Josefina

Es mejor haber amado y perdido
que no haber amado jamás.

ALFRED LORD TENNYSON

El problema con algunas mujeres es que se emocionan
con cualquier cosa—y luego se casan con él.

CHER

La verdad es que no sé nada de sexo, pues siempre he
estado casada.

ZSA ZSA GABOR

El sexo es como el dinero;
solo demasiado es suficiente.

JOHN UPDIKE, *Couples*

A mi me fue muy bien en la vida; me casé
por amor y en el proceso recibí algo de dinero.

ROSE FITZGERALD KENNEDY

Desenamorarse es bastante esclarecedor. Por un
momento logras ver el mundo con nuevos ojos.

IRIS MURDOCH

Amo más a Mickey Mouse de lo que
he amado nunca a mujer alguna.

WALT DISNEY

El amarte es la razón
para que mi alma se coloree
como las alas de la mariposa.

El amarte es la razón
para que mi corazón
sea una hoja temblorosa
cuando pasas por allí.

LANGSTON HUGHES, "Reasons Why"

49

Los loros, las tortugas y los pinos
viven más que los hombres,
los hombres viven más que los perros,
los perros viven más que lo que vive el amor.

EDNA ST. VINCENT MILLAY

Las peleas de los enamorados son la renovación del amor.

HORACIO

¡Es tan corto el amor y es tan largo el olvido!

PABLO NERUDA

El amor inmaduro dice: "Te amo porque te necesito."
El amor maduro dice: "Te necesito porque te amo."

ERICH FROMM, sicoanalista estadounidense

Si el amor es la respuesta,
¿podría repetirme la pregunta?

LILY TOMLIN

¡QUÉ GRANDEZA!

Qué grandeza es para dos almas,
sentir que están unidas de por vida—
para fortalecerse el uno al otro en el trabajo,
para apoyarse en las penas,
para ayudarse en el dolor,
para ser uno con el otro
en los inefables recuerdos silenciosos...

GEORGE ELIOT

El amor es una forma de guerra.

OVIDIO

Enamorarse es crear una religión
con un Dios falible.

JORGE LUIS BORGES

La brevedad es el alma de la lencería.

DOROTHY PARKER

Si amar significa nunca tener que decir que lo sientes, entonces
matrimonio significa siempre tener que decir todo dos veces.

ESTELLE GETTY, actriz

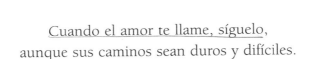

Cuando el amor te llame, síguelo,
aunque sus caminos sean duros y difíciles.

KAHLIL GIBRAN, *El Profeta*

Si el sexo es algo tan natural,
¿porqué hay tantos libros sobre cómo hacerlo?

BETTE MIDLER

De todas maneras cásate; si consigues una buena mujer,
serás feliz; si consigues una mala, te convertirás en filósofo.

SÓCRATES

Nunca ames con todo el corazón,
al final solo sentirás dolor.

COUNTEE CULLEN

TE AMO

Te amo por lo que eres,
pero te amo aún más por lo que llegarás a ser.
No te amo tanto por tus realidades,
como por tus ideales.
Ruego por tus deseos, porque sean admirables,
más que por las satisfacciones que obtengas,
que pueden llegar a ser terriblemente pequeñas.
Vas hacia delante, hacia la grandeza.
Yo camino contigo
y por ello te amo.

CARL SANDBURG

Piensa en mí como el símbolo sexual de
aquellos hombres a los que nada les importa.

PHYLLIS DILLER

En su primera pasión la mujer ama a su amante,
en todas las demás, ama al amor.

LORD BYRON

Saca tu lengua de mi boca, mi beso es de despedida.

CYNTHIA HEIMEL

El amor es constante, somos nosotros los caprichosos.
El amor ofrece garantías, las personas traicionan.
Siempre se puede confiar en el amor, en las personas no.

LEO BUSCAGLIA

Si el amor fuera como la rosa,
y yo fuera como la hoja,
nuestras vidas crecerían juntas
en tiempos tristes o alegres.

ALGERNON CHARLES SWINBURNE

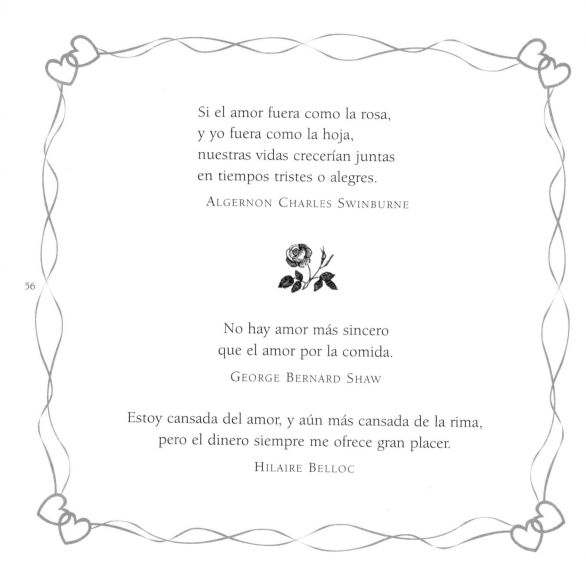

No hay amor más sincero
que el amor por la comida.

GEORGE BERNARD SHAW

Estoy cansada del amor, y aún más cansada de la rima,
pero el dinero siempre me ofrece gran placer.

HILAIRE BELLOC

El sexo sin amor es una experiencia vacía, pero, de todas las experiencias vacías, es una de las mejores.

WOODY ALLEN

Los hombres siempre quieren ser el primer amor de la mujer…ellas, con un instinto más sutil, prefieren ser [su] último romance.

OSCAR WILDE

Las mujeres se quejan del sexo más a menudo que los hombres. Sus quejas se presentan en dos grandes categorías: (1) no es suficiente (2) es demasiado.

ANN LANDERS

El dolor vela por sí mismo, pero para disfrutar plenamente
de la alegría debes tener con quién compartirla.

MARK TWAIN

La cadena del matrimonio es tan pesada que se necesitan
dos para sobrellevarla—algunas veces tres.

ALEXANDRE DUMAS

Las bellezas sureñas fueron criadas creyendo en "y vivieron
felices para siempre." Cuando querían algo, si el encanto no
bastaba para conseguirlo, quedaba el recurso de utilizar el
nombre de sus esposos. Y, sin ninguna duda, siempre había
un esposo. A fin de cuentas, esto era el Sur.

MARYLN SCHWARTZ, *New Times in the Old South*

La Amistad es el
Amor sin sus alas.

LORD BYRON

Todos los enamorados rechazados deberían tener una
segunda oportunidad, pero con alguien diferente.

MAE WEST

59

Esta doncella vivía con el único pensamiento de
amarme y ser amada por mi.

EDGAR ALLEN POE, "Annabel Lee"

El amor normal no es interesante,
puedo asegurarles que es increíblemente aburrido.

ROMAN POLANSKI, director de cine

¿Fue un disparo de cañón, o son los latidos de mi corazón?

INGRID BERGMAN a Humphrey Bogart en *Casablanca*

¿Quién no se ha sentado en el teatro de su propio corazón?
Sube el telón; y el escenario se está desbaratando.

RAINER MARIA RILKE

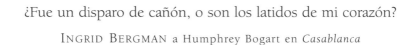

La única razón por la que volvería a trotar sería para
poder oír de nuevo una respiración agitada.

ERMA BOMBECK

Son las mujeres comunes las que conocen el amor.
Las maravillosas están muy ocupadas luciendo maravillosas.

KATHARINE HEPBURN

Se dice que la fruta prohibida sabe más dulce,
pero también se pudre más pronto.

ABIGAIL VAN BUREN

Desde que se interesó por el sexo he visto poco a Alfred.

SRA. DE ALFRED KINSEY

El amor no mira con los ojos, sino con la mente
por ello el cupido alado, ciego se esboza,
la mente enamorada no tiene juicio,
las alas sin ojos se afanan, no escuchan.
Que el amor es un niño, por eso se dice,
porque es fácilmente defraudado cuando elige.

SHAKESPEARE, *Sueño de una noche de verano*

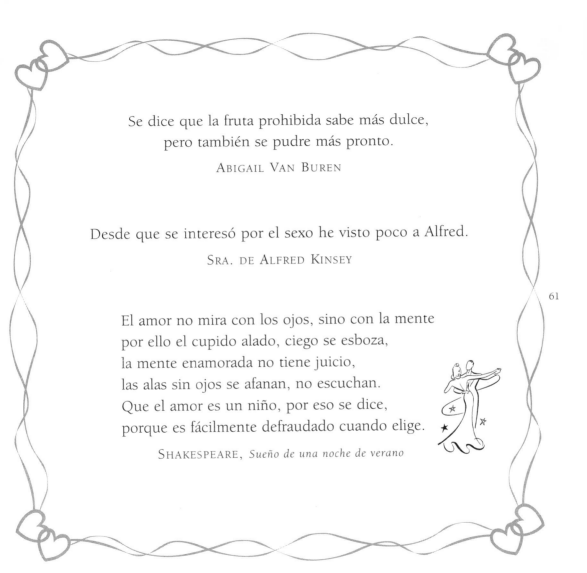

El amor es anterior a la vida,
posterior a la muerte,
inicio de la creación
y exponente del aliento.

EMILY DICKINSON

Para mi el hombre debe tener tres cualidades: debe ser apuesto, cruel y estúpido.

DOROTHY PARKER

El amor es el auto engaño inventado por nosotros, que justifica el trabajo que nos tomamos para tener sexo.

DAN GREENBERG

La atracción sexual es el 50 por ciento de lo que uno tiene, más el 50 por ciento de lo que la gente cree que uno tiene.

SOPHÍA LOREN

El matrimonio tiene muchos sufrimientos, pero el celibato no tiene ningún placer.

SAMUEL JOHNSON

El amor es el pájaro más extraño que alguna vez voló por el mundo.

LAWRENCE FERLINGHETTI,
"Song of Love and Desire"

Bart, ¡con 10.000 dólares seríamos millonarios! ¡Podríamos comprar toda clase de cosas necesarias, como…amor!

HOMERO SIMPSON en *Los Simpsons*

¿Cómo te amo? Déjame contar las maneras.
Te amo hasta las profundidades, anchuras y alturas
a las que mi alma alcanza, cuando a tientas rastrea
la infinitud del Ser y la Suprema Gracia.
Te amo al igual que las tareas diarias
con su ritmo tranquilo del amanecer hasta la noche.
Te amo libremente, como se ama la Justicia;
Te amo con pureza, como aquel que rechaza la alabanza;
Te amo con la pasión que tuve
en mis pasadas aflicciones y con mi fe de niña.
Te amo con el amor que parecí perder
cuando perdí a mis santos,—¡Te amo con el aliento,
las risas y las lágrimas de toda mi vida!—y si Dios quisiera,
te amaré mejor después de muerta.

ELIZABETH BARRETT BROWNING